AF509135

DESCRIPTION

D'UN

SERPENT À SONNETTE

DE

L'AMERIQUE,

Joliment figuré, ayant deux longues rayes noires fur la
tête & fur le col :

AVEC

De nouvelles Expériences faites à la Haye fur les effets mortels de la morfure venimeufe d'un Serpent de cette efpèce apporté en vie :

Lequel fe trouve avec plufieurs autres dans le MUSEUM de

SON ALTESSE SÉRÉNISSIME

*MONSEIGNEUR LE PRINCE D'ORANGE ET DE NASSAU,
STADHOUDER HÉRÉDITAIRE, GOUVERNEUR, CAPI-
TAINE GÉNÉRAL ET AMIRAL DES PROVINCES-UNIES
DES PAIS-BAS, &c. &c. &c.*

Par

A. VOSMAER,

*Directeur des Cabinets d'Hiftoire Naturelle & de Curiofités de S. A. S., Membre de
l'Academie Impériale, & Correfpondant de l'Academie Royale des Sciences de Paris.*

A AMSTERDAM,

CHEZ PIERRE MEIJER,

MDCCLXVII.

HISTOIRE NATURELLE

Et nouvelles Expériences faites à la Haye fur les effets mortels
de la morfure venimeufe du

SERPENT À SONNETTE

D'A M E R I Q U E.

Si, dès le Titre, nous n'annoncions de nouvelles Expériences, les perfonnes, tant foit peu verfées dans l'Hiftoire Naturelle des animaux, s'étonneroient avec raifon de voir encore décrire & repréfenter un animal, qui a déja fervi de fujet à un très grand nombre d'Auteurs. Les Figures de ce fameux Reptile ont été auffi multipliées que les Defcriptions. Cependant nous avons voulu le faire deffiner de nouveau par la main habile de Mr. G. VAN DEN HEUVEL, & y ajouter nos obfervations particulières. C'eft aux Connoiffeurs à juger fi nous y avons mieux réuffi que d'autres.

De tous les Auteurs cités ci-deffous (*a*), & auxquels on en pourroit

(*a*) Der *Königl. Schwedifchen Academie der Wiffenfchaften. Tom. XIV. p.* 316. *Tom. XV. p.* 54. 189.

R. MEAD, *A Mechanical Account of Poifons, Lond.* 1747.

P. FERMIN, *Hift. Nat. de la Hollande Equinoxiale, Amft.* 1765.

T. PISTORIUS, *Befchr. van Zurinamen, Amft.* 1763.

F. WATSON, *De Dierlyke Wereld, Amft.* 1761.

R. BRADLEY, *Wysgeerige Verhandeling, Amft.* 1744. *Tab. IX. fig.* 1.

Journal des Savans, Septembre 1764. *N°.* 10. *p.* 513. *Expériences faites par le Capitaine* HALL, *fur les effets du poifon du Serpent à Sonnette: Extraites des Tranfactions Philofophiques.*

E. TYSON, *Phil. tranfact. Aug. Vol.* 13. *N.* 144. *p.* 25. *Idem in* ACTA ERUDIT. 1684. *p.* 138. *Vol.* 5.

CATESBY, *Nat. Hift. of Carolina, Vol. II. p.* 41. *Tab.* 41. 42.

A.

roit joindre encore un bon nombre, il n'y en a certainement point
qui rapportent plus de circonftances de ces Serpens, & qui en don-
nent de meilleures defcriptions, que Mrs. K a l m & le Capitaine
H a l l. Nous ne devons pas non plus oublier la belle figure de
la tête difféquée de ce Serpent, & de la véritable conformation
de fes dents, figure qui fe trouve dans le petit Ouvrage du Dr.
M e a d, & Mrs. le Dr. H o u t t u y n & W a t s o n, dans leurs
Ouvrages ici cités, & dont celui du dernier a été traduit en Hollandois, par le favant Naturalifte & Prédicateur C. N o s e m a n,
ont auffi recueilli fciemment tout ce qu'on a découvert jusqu'ici
fur cette matière.

Quelques Auteurs affignent pour patrie à ces Serpens, les Indes
tant Orientales qu'Occidentales: mais il me paroit fort douteux
que ce Reptile, partout fi redouté, & avec tant de raifon, à cau-
fe de fa morfure venimeufe, fe trouve ailleurs que dans les parties
du Nouveau Monde. On fait que S e b a, dans fa 2de Partie, repréfente & décrit divers Serpens à Sonnette (b) des Indes Orientales: mais on fait auffi certainement, que le premier que cet habile Homme d'ailleurs repréfente *Tab*. 45.*f*. 4, & qu'il décrit pour
une Vipère femelle de Ceylan, n'eft autre qu'un jeune Serpent à
Sonnette de l'efpèce des Indes Occidentales, & abfolument le même que celui que nous décrirons ci-après. J'avouë, avec Mr.
B u f f o n (c), que je me défie beaucoup de ces descriptions de
Cabinets, abregées & incertaines. Les piéces, qui les compofent,
ont fouvent, en grande partie, été achetées à des Ventes, fur la foi
de

A. S e b a, *Thefaurus Vol. II. Tab*. 45 *f* 4. *Tab*. 95. *f*. 1. 2. 3. *Tab*. 96. *f*. 1.
H o u t t u y n, *Nat. Hiftorie der Dieren &c. Amft.* 1764. *& Vol. I. pars VI. p.*290,
tab. 54.*fig*. 1.
W. S c h o u t e n, *Ooftind. Voyagie, Amft.* 1676. *III. Boek*, *p.* 53.
C h a r l e v o i x, *Hiftoire de la Nouvelle France*, *Tom. V. p.* 233.
L a w s o n s, *Natural Hiftory of Carolina*, *p.* 129.
L i n n æ u s, *Syft. Nat. Ed. X. p.* 214.
G r o n o v i u s, *Muf. Icht. Tom. II. p.* 70. *Id. Zoophyl. Fac. I. p.* 26.

(b) *Voyez ci-deffus.*
(c) *Tom. X. p.* 98.

de Catalogues, auffi fouvent formés par des ignorans, ou fans dis-
cernement, finon même quelquefois avec une fupercherie manifes-
te pour faire prendre le change. C'eft dequoi je n'ai eu que trop
de preuves certaines dans une expérience de vingt-cinq ans.

   La principale raifon qui me fait douter que ces animaux fe trouvent dans l'Ancien Continent, c'eft que les Voyageurs de ces Con-
trées n'en parlent point, ou du moins, s'ils le font, ce n'eft que
d'une façon fort incertaine. GAUTIER SCHOUTEN (*d*), dans
fon Voyage aux Indes Orientales, dit bien qu'ils entendirent des
Serpens à Sonnette dans l'Isle déferte de Dingding, fituée à trente mi-
les au Nord-Oueft de Malacka; mais il témoigne en même tems
qu'ils ne les virent point, malgré toutes leurs recherches. Ainfi il
fe peut aifément qu'ils ayent pris pour le bruit des Serpens à Sonnette, celui que fait la Cigale, qui, aux Indes Orientales & Occidentales, eft beaucoup plus grande que la nôtre. VALENTYN,
dont j'ai feuilleté le volumineux Ouvrage fur les Indes Orientales
anciennes & nouvelles, n'en dit rien, non plus qu'un grand nombre d'autres Voyageurs, qui ont parcouru les Indes Orientales, &
dont j'ai auffi examiné les Relations. Mr. LINNÆUS femble égale-
ment pofer en fait, qu'ils ne fe trouvent point dans l'Orient; car
dans fon *Syftema Natura* il donne fes trois efpèces pour Amérieai-
nes, & même celle que SEBA rapporte aux Indes Orientales. Il
nous refte donc à défirer des notions plus certaines à ce fujet.

   Dans le MUSEUM de SON ALTESSE SE'RE'NISSIME
MONSEIGNEUR LE PRINCE STADHOUDER HE'RE'DITAI-
RE, &c. &c. &c. je conferve fix efpèces, ou variétés, comme on
voudra les appeller, & parmi lesquelles il s'en trouve une, que j'ai
achetée à la Vente du Cabinet de SEBA, fous le nom de Serpent
à Sonnette des Indes Orientales. Elle me paroît la même, qu'il a
repréfentée dans fon *Thefaurus Tab.* 95. *fig.* 2 & 3. Il eft certain
qu'en la comparant avec celles, que nous favons être de l'Ameri-
que, l'on y trouve une différence notable, qui ne contefte cependant

_____

(*d*) *Voyez ci-deffus la Lifte des Auteurs.*

E 3

dant point fon droit d'origine au Nouveau Monde. Car pourquoi cette Contrée feule ne pourroit-elle fournir deux ou plufieurs diverfités en une efpèce de ces animaux, ce que CATESBY montre déja dans la Caroline? La muë de ce Serpent peut auffi y avoir une part confidérable. Mon doute fi cette efpèce de Serpent eft bien auffi particuliere à l'Ancien qu'au Nouveau Monde, fe fonde donc uniquement, comme je l'ai dit, fur ce que, dans les Relations de Voyages aux Indes Orientales, je ne trouve pas à cet égard la moindre notion fur laquelle on puiffe faire fonds. Le favant Abbé PRE-VOST (e) n'en dit pas le mot dans fa Defcription de Ceylan, tandis que SEBA prétend néanmoins l'avoir reçu de cette Isle. R. KNOX (f), qui, dans fa Defcription de Ceylan, parle de divers Serpens & autres animaux de la même Isle, n'en fait point mention, non plus qu'OSBECK (g) &c. En Afrique, je ne puis découvrir aucuns indices de ces dangereux animaux. Nous devons donc fuppofer que Mr. SEBA aura été induit en erreur dans la notice des lieux qu'habitent ces Reptiles.

Dans notre Colonie de Surinam aux Indes Occidentales, on nomme ces Serpens *Boicininga*, & en Hollandois *Ratel* ou *Bel-Slang* (Serpent à Crefcelle ou à Sonnette). Mr. LINNÆUS donne le nom de *Cortalophorus* à ce genre, dans lequel il a compté trois différentes efpèces, qu'il appelle *Horridus*, *Dryinas* & *Duriffus*. Il diftingue ces efpèces par le nombre différent d'écailles qu'ont ces animaux fous l'abdomen & la queuë; caractère qui (fans préjudicier à l'eftime que nous devons d'ailleurs à ce grand Naturalifte) de même que l'énumeration des arrêtes des nageoires pour diftinguer les efpèces de Poiffons, eft d'un réfultat beaucoup trop vague, pour pouvoir avec certitude faire fonds là-deffus.

L'Hiftoire Naturelle de ces animaux ayant été fuffifamment traitée par Mr. KALM & autres, auxquels on peut joindre encore les Ecrits de MARCGRAAF, de PISE & de NIEREMBERG, mon deffein n'eft, (comme j'ai déja commencé à le faire) que d'expofer
ici

(e) *Hift. gen. des Voyages. Tom. II. Edit de la Haye.*
(f) *'t Eyland Ceylon in zyn binnenfte &c. Amft.* 1693.
(g) *Reife nach Ooftindie und China. Rofloc.* 1765.

ici les erreurs, les contradictions, & ce que d'autres ont négligé, avec nos propres obfervations.

On eft fort peu d'accord fur la queftion fi ces Serpens ont un mouvement vif ou lent. Ce que j'en fais, par ma propre expérience, n'eft affurément pas fatisfaifant à tous égards ; car la longue durée du Voyage, la caiffe fermée, quoique très-vafte, & recouverte de vitres en deffus, dans laquelle mon fujet fe trouvoit, font fans doute peu favorables à des animaux accoutumés à une vie fauvage, lesquels par laffitude & par crainte, ne peuvent manifefter leur véritable naturel. Les quinze premiers jours des vingt-fept qu'il a vécu chez moi, quoiqu'il y eût déja plus de 23 femaines qu'il avoit été pris, fans avoir rien mangé depuis, ce Serpent étoit encore fort vigoureux, fe retournoit dans la caiffe, s'élevoit jusqu'aux vitres, & par tous les mouvemens que je lui ai vu faire dans ce tems-là, je n'ai jamais pu me convaincre que ces animaux foient d'un naturel lent & pareffeux, fur-tout lors qu'ils fe tiennent dans les bois. L'avanture que j'eus avec celui-ci, en préfence d'un Ami & de mon Valet, quand nous le transférâmes dans une caiffe vitrée, qu'on lui avoit préparée, & dont nous parlerons ci-après, ne peut indiquer qu'une agilité, qui manqua de m'être funefte, ou à mon Domeftique.

Quelques Auteurs font mention d'une forte puanteur qu'exhalent ces Serpens, quand ils font irrités. C'eft ce que je n'ai pas remarqué lors qu'il étoit renfermé dans fa premiere caiffe, faite de bois de chêne fec, & enduite de colle blanche en dedans. Mais, par après, quand il fut mis dans une grande caiffe neuve de bois de fapin, la premiere caiffe, par le fable humide dont le fonds étoit couvert, avoit une très-forte odeur, que bien des gens prenoient mal à propos pour une puanteur du Serpent même.

Malgré tous mes efforts, je n'ai pu réuffir, non plus qu'avec le Serpent commun de notre Païs, qui fe trouve affez fouvent dans les environs d'Utrecht & ailleurs, à faire manger ce Serpent à Sonnette. Tout ce que je lui jettois étoit à pure perte. Seulement nous croyons l'avoir vû une fois boire du lait ; mais auffi pas plus d'une fois, & cela même d'une façon fort

in-

incertaine; car avec quelque exactitude que je fiffe attention à la diminution du lait, ce que je pouvois aifément reconnoitre à une marque qui fe trouvoit au bord du baquet, je ne pus pas voir que le lait diminuât dans le baquet, bien que le Serpent y tint fon bec recourbé pendant quelque tems. La même chofe arriva avec une écuelle remplie d'eau commune, dans laquelle il fe retournoit fouvent, & y demeuroit quelquefois affez longtems. Il me parut alors, ainfi qu'à beaucoup d'autres perfonnes, qui ont vû ce Serpent chez moi, que les animaux que nous lui jettions, & de l'effet dequoi nous parlerons ci-après, avoient une frayeur terrible de ce Reptile leur ennemi commun: Car à peine les en avoit-on approchés, qu'ils cherchoient à fe tapir dans un coin, & en étant empêchés par un petit bâton pofé en travers, ils couroient comme déja faifis des angoiffes de la mort, à la rencontre de leur ennemi, qui ne ceffoit de fonner de fa queuë. WATSON décrit fort agréablement cette faculté attractive qu'on attribuë à ces Serpens, quand ils regardent fixément leur proye, & au moyen de laquelle tous les animaux devroient comme accourir, ou tomber d'eux-mêmes dans leur gueule béante. Mais je crois qu'on pourroit mieux appliquer à quelques perfonnes cette propriété finguliere. S'il eft certain que tous les animaux, en particulier les petits oifeaux, connoiffent cet ennemi, & foyent faifis d'une frayeur mortelle à fon afpect, il en feroit d'eux comme des perfonnes peureufes, qui marchant le long d'un fentier étroit & efcarpé, ou montant fur une tour ifolée, tomberoient certainement du haut en bas, par un effet de l'épouvante qui les talonne, fi l'on ne venoit à leur fecours. C'eft ce qu'on peut auffi nommer une faculté attractive, que la peur feule occafionne.

L'on doute encore fi le bruit que font ces Serpens de leur queuë, eft l'effet de la colère ou de la crainte. A mon avis l'un & l'autre peut être vrai, & avoir encore lieu dans une troifième occafion, favoir pour s'appeller les uns les autres au tems de leur accouplement, comme nous favons que cela arrive à l'égard de quantité d'animaux, fi nous ne devons plutôt l'attribuer, avec reconnoiffance, à la bonté, & à la prévoyance de l'Etre fuprême, pour avertir les hommes. Dans mes expériences, il m'a toujours

pa-

paru que d'abord la crainte, puis la colère, les excitoient à faire le bruit qui leur eſt propre. Lorsque nous jettions quelque animal, ſoit une ſouris, ou un oiſeau, auprès du Serpent, il s'éloignoit premiérement tout effrayé en faiſant du bruit; enſuite l'oiſeau ou la ſouris courant tout autour avec détreſſe, le Serpent ſe remettoit & continuoit ſon bruit jusqu'à ce qu'il eût mordu l'animal. Je ne l'ai jamais entendu faire ſonner les écailles qu'il a ſur le corps, comme le prétendent quelques perſonnes.

Divers Auteurs ſont d'opinion qu'on peut connoître l'âge du Serpent au nombre d'articles dont ſa Creſcelle ou Sonnette eſt compoſée; d'autres conteſtent la choſe; mais, à ce qu'il me ſemble, ſans plus de droit que leurs adverſaires. Nous connoiſſons les anneaux aux cornes des Beſtiaux, & les canelures des dents aux Chevaux. Sᴇʙᴀ repréſente un Serpent avec quarante articles à la Sonnette, mais il eſt rare; la plûpart de ceux qu'on voit ont au deſſous de dix ou douze articles. Les femelles, à ce qu'on dit, ont toujours moins d'articles à leurs Sonnettes. C'eſt ce qui fait peut-être qu'on voit quelquefois de grands Serpens avec moins, & de petits avec plus d'écailles aux Sonnettes; mais il ne ſauroit être vrai que le nombre des articles à la Sonnette marque auſſi l'âge de l'animal, à moins qu'on ne voulût ſuppoſer que les femelles meurent plutôt, & croiſſent plus vite. Parmi quantité de ces Serpens, que j'ai vûs dans les Cabinets, j'en ai quelquefois trouvé de grands avec peu, & de petits avec beaucoup de Sonnettes. La grandeur de ces Serpens eſt inégale. Mr. Kᴀʟᴍ ne parle que de quatre à ſix pieds de longueur; Wᴀᴛsoɴ la met entre ſept & douze pieds; Fᴇʀᴍɪɴ la pouſſe jusqu'à quinze pieds; mais cela eſt douteux.

Quelques-uns prétendent que ces Serpens ſont privés de l'ouïe, parce qu'on ne leur en trouve point les organes, qui, comme dans la Tortuë, ſont certainement cachés ſous l'épiderme écailleux. Nous avons à nous promettre dans peu des éclairciſſemens à ce ſujet, de la part de Mr. le Profeſſeur P. Cᴀᴍᴘᴇʀ, à Groningue, lequel s'occupe de l'examen des organes de l'ouïe dans les animaux.

La manière de prendre ces Serpens en vie, ſuivant les informa-

F

tions

tions qu'on m'a données, eſt telle: Les Négres, ou Esclaves d'A-frique, qui favent les furprendre, quand ils font entortillés, ou, comme ils difent, endormis, les faififfent avec beaucoup de célé-rité, tout près de la tête, de façon qu'ils ne peuvent la retourner de côté ni d'autre. Le Serpent fe débat bien d'abord autour de la main & du bras; mais tous fes mouvemens font infruĉtueux.

Il m'a paru que le Serpent, que j'ai eu vivant, pouvoit, com-me les Chats, concentrer la lumiére dans fes yeux, au moyen de deux tuniques, qui s'approchent l'une de l'autre: car après fa mort, la ligne perpendiculaire, que nous avions fi fouvent apper-çuë avec des variations, étoit beaucoup plus large. Mais, dans les derniers jours de fa vie, j'ai même commencé à douter, s'il n'é-toit pas déja aveugle, puis que je ne remarquois aucune fenfation lorsque je lui paffois une baguette devant les yeux, mais bien lors-qu'on le touchoit tant foit peu à la tête.

En écrivant ceci, l'on m'apporte la douzième Edition fort aug-mentée & changée du *Syſteme Naturel* de Mr. CAROLI A LIN-NÆUS (b), qui finit aux Poiffons, deforte que les Infeĉtes & les Vers doivent encore fuivre. Il met aĉtuellement cinq efpèces de ces Serpens, & ce genre eſt ainfi augmenté de deux. Mais je don-ne à confidérer à ce grand Naturaliſte, comme à tous autres, en attendant les réponfes aux lettres que j'ai écrites fur ce fujet; fi l'on connoit bien réellement autant d'efpèces différentes de ces animaux, qu'on fe l'imagine. Les variétés, telles que je les eſti-me, jusqu'à ce que l'expérience m'aît mieux inſtruit, les variétés, dis-je, que je conferve dans le Cabinet de S. A. S., m'autorifent fuffifamment à douter, que l'on puiffe bien compter plus de qua-tre véritables efpèces diſtinĉtes. Celles de SEBA, *Tab.* 5 *F.* 4. & *Tab.* 96. *F.* 1., quelque différentes qu'elles foient, ne font, à ce que je penfe, qu'une même efpèce, & feulement diſtinguées par l'â-ge, puisque, tant par celles de la Colleĉtion de S. A. S., que par cel-les qu'on garde dans d'autres Cabinets, je crois avoir découvert très-clairement que leurs belles couleurs fe terniffent avec les an-nées: Et c'eſt ainfi que les trois *Tab.* 95. de SEBA, ne me parois-fent

(b) *Syſt. naturæ, edit. duodecima, reformata. tom I. Holm. 1766.*

sent aussi être qu'une espèce différente des précédentes. On peut, avec certitude, y joindre les deux de CATESBY, pour la quatrieme. Je ne détermine, comme on voit, rien de positif; je tâche seulement, par mes doutes, de faire découvrir la vérité. Quelle différence ne peuvent pas produire la muë de la peau, la variété du tems des saisons de l'année, où on les prend, & la distinction de sexe? On n'a qu'à voir ce que CATESBY dit lui-même des deux siens, si dissemblables tant par la couleur, que par la configuration.

Le nombre différent des écailles de l'abdomen & de la queuë, nombre que LINNÆUS n'établit certainement pas pour rien comme un caractère distinctif des espèces, devroit, dira-t'on, décider tous ces doutes; Mais j'ai déja dit & je le repéte ici, que ce caractère n'est pas de mise, & qu'il n'a aucunes marques certaines. J'ai examiné à cet égard, avec toute l'attention possible, tous les Serpens à Sonnette de la Collection de S. A. S.; j'en ai compté plusieurs fois les écailles, & j'ai toûjours trouvé ce que je savois d'avance par l'inspection d'autres sujets, que les six ne formoient que l'espèce à laquelle Mr. LINNÆUS a donné le nom de HORRIDUS. Voici le détail de mes observations.

A un fort gros Serpent, long de 4 pieds 8 pouces de Rhin, & dont la Sonnette est pourvuë de 11 articulations, je compte trèsexactement 170 écailles à l'abdomen & 25 à la queuë.

A un plus petit, de la même espèce, mais, comme plus jeune, aussi d'un plus beau dessein, le même que j'ai eu vivant, & qui fait le sujet de la Dissertation présente, ayant 3 pieds 1 $\frac{1}{2}$ pouce de long, & six articulations à sa Sonnette, je trouve 168 écailles à l'abdomen & 29 à la queuë.

A un autre fort joli, petit, & délié, aussi de la même espèce, mais ayant 3 articulations à sa Sonnette, je trouve 171 écailles à l'abdomen & 21 à la queuë. Tous trois m'ont été envoyés de Surinam, & ce sont les mêmes que celui qui est représenté par SEBA, Tom. II. Tab. 45. fig. 4. Quel fonds y a-t-il donc à faire là-dessus? Dire que dans cette énumération, 3 ou 4 écailles plus ou moins ne font pas l'affaire, ce n'est rien dire de fort avantageux à cette invention.

F 2

Pour

Pour quelle efpèce, du *Horridus* ou du *Mutus* de Mr. LINNÆUS, prendrons-nous maintenant ces trois fujets?

Dans trois autres, qui ne font, en grande partie, que de couleur cendrée, plus ou moins legérement figurés, & approchant le plus de celui de Mr. SEBA, *Tab.* 95., j'ai trouvé les écailles comme fuit.

Un quatrième, que j'ai acheté à la vente de SEBA, & qu'il donne pour être de Ceylan, avec 7 articulations à la Sonnette, a 162 écailles à l'abdomen & 20 à la queuë; mais cela eft douteux, le fujet n'étant pas des mieux confervés.

Un cinquième, que j'ai acheté pour être des Indes Occidentales, avec 10 articulations à la Sonnette, a 163 écailles à l'abdomen, & 28 à la queuë.

Un fixième auffi des Indes Occidentales, avec 6 articulations à la Sonnette, a 167 écailles à l'abdomen & 23 à la queuë. C'eft le feul qui convienne avec le *Horridus* de Mr. LINNÆUS dans le nombre des écailles. Après cette digreffion, dans laquelle nous n'avons voulu que démontrer l'incertitude de ce caractère, que nous aimons beaucoup mieux déduire de la forme de la tête & de la queuë, nous revenons à notre fujet.

Le 20 Septembre 1765, ce Serpent me fut envoyé vivant d'Amfterdam, pour le Cabinet, par Mr. JEAN NEPVEU, Fifcal à Surinam. Je le reçus dans un petit baril de bois, avec un couvercle épais de plomb, percé de quelques trous, mais qui ne permettoient pas de rien voir de l'animal. A l'aide de mon Valet j'enlevai le plomb en partie, & attachant au deffous une efpèce de fac de toile, autour du baril, nous l'ouvrîmes tout-à-fait, après quoi, prenant le fac par le bout, nous le vuidâmes dans une petite caiffe à couvercle en couliffe, garnie de forts carreaux de vitres. Nous vîmes auffi tomber le Serpent dans la caiffe, encore couvert en partie du fac de toile, comme nous le crûmes tous; le Valet tirant brusquement le fac de la caiffe, le Serpent pouffa au même inftant la tête de huit à dix pouces hors de l'ouverture. Ma bonne contenance nous fauva; j'avois une ferviette à la main; mon ami, qui veilloit à fermer

le

le couvercle vitré, ferra un peu le Serpent, tandis qu'armé de ma ferviette, je le pouffai heureufement dans la caiffe.

Il y a des gens qui ont voulu m'affurer, que ces Serpens venimeux, après avoir été quelque tems enfermés, perdoient leur venin. On m'a raconté diverfes hiftoires prétenduës véritables, pour prouver la chofe. Mais le Journal fuivant, que j'ai tenu exactement, & les expériences faites en préfence de Princes, & d'autres Perfonnes, mettront, à ce que je crois, le fait entiérement hors de doute.

Samedi 21 Sept. 1765, le Serpent me fut envoyé d'Amfterdam; je le mis, fur le midi, dans une petite caiffe affez propre à cet effet, garnie de carreaux de vitres en deffus, & à côté par le haut avec un petit fermoir, pour pouvoir y jetter fans danger quelque chofe. Le fonds de cette caiffe étoit couvert de fable commun : Le Serpent paroiffoit fort vigoureux & agile, rampant continuellement de côté & d'autre dans la caiffe, & s'élevant fouvent jufqu'aux vitres, pour chercher quelque iffuë.

Dimanche 22., ne pouvant rien avoir, nous le laiffâmes en repos. Je lui donnai du pain, des mouches, des fruits, &c. Mais il ne prit rien.

Lundi 23., le foir, ayant eu un oifeau vivant, qui étoit un Verdier femelle, je le mis dans la caiffe; le Serpent fonna alors pour la premiere fois très-fortement, & regardant fixément l'oifeau, fembloit vouloir l'attendre. L'oifeau étoit fort caduc des jambes, & en grande angoiffe, fe tapiffant dans un coin de la caiffe, fans mouvement, ce qui dura même jufqu'au lendemain matin, dont nous allons parler.

Mardi 24., m'étant levé de grand matin, curieux de favoir ce qui étoit arrivé à l'oifeau, je le trouvai encore au même endroit, vis-à-vis le Serpent, fe regardant l'un l'autre. A fept heures & demie j'entendis quelque bruit dans la caiffe, qui étoit en un coin de la chambre, & l'oifeau, peu de minutes auparavant encore fain & vivant, étoit mort, vraifemblablement mordu par le Serpent, & expiré peu après.

Le même matin, à dix heures, Son Altesse Sérénissime Monseigneur le Prince Stadhouder Héréditaire, vint, avec quelques Officiers de fa Cour, pour voir le Serpent; je

lui

lui donnai un autre oifeau pareil, fain & vivant, mais comme il volot extrêmement effrayé autour de la caiffe, le Serpent fonnant de fa queuë, attendit feulement qu'il fût à fa portée, s'élança fur lui & le mordit à la groffe jointure de l'aile. L'oifeau jetta un cri, fe retira dans un coin, fe tint quelques momens tranquille, & bientôt il lui prit des convulfions dans lesquelles il mourut au bout de dix minutes. Le Serpent, d'abord après la morfure, fe recoquilla, fonnant de fa queuë encore quelque tems, & fe tint du refte tranquille.

Mercredi, Jeudi & Vendredi, 25, 26 & 27, je ne lui donnai que toutes fortes d'alimens, pour voir fi nous pourrions l'engager à manger; je laiffai auprès de lui les oifeaux morts, mais il n'y toucha point, quoiqu'il rampât par deffus. Quand nous heurtions contre la caiffe, ou que nous le touchions avec une longue baguette, il faifoit un bruit de fa queuë qu'on pouvoit entendre par toute la chambre.

Samedi le 28, au matin, LEURS ALTESSES SE'RE'NISSIMES MESSEIGNEURS LES PRINCES DE WEILBOURG ET DE SAARBRUCK, & quelques autres Cavaliers fe trouvant préfens, je mis de nouveau, dans la caiffe, un oifeau, qui fut incontinent mordu par le Serpent, & pouffa quelques cris. Après un inftant de tranquillité, l'oifeau rendit, dans de continuelles convulfions, le chenevi qu'il avoit mangé peu auparavant, & mourut toujours en convulfion, au bout de 22 minutes. Deux ou trois jours après que j'eûs enfermé le Serpent dans la caiffe, il lâcha quelques excrémens, qui reffembloient parfaitement à du fouphre jaune concaffé en menus grains, & qui étoient mêlés de quelque fubftance liquide.

Ces excrémens, qu'il avoit dépofés dans un coin de la caiffe, en noircirent les parois, qui étoient enduites de colle blanche.

L'après midi, à cinq heures, vint SON ALTESSE SE'RE'NISSIME MONSEIGNEUR LE PRINCE STADHOUDER HERE'DITAIRE, accompagné de Mrs. les Barons de WULCKENITZ & VOOGT, de Mrs. les Profeffeurs WEIS & GAUBIUS, & d'autres Cavaliers. On mit encore, auprès du Serpent, un oifeau, qui faifi de frayeur, couroit & voloit à la ronde cherchant une iffuë. Le Serpent, peut-être fatigué du matin, manqua plufieurs fois le turbulent

lent oifeau qu'il vouloit mordre ; mais à la fin il le bleffa à l'articulation de l'aile. L'oifeau fe tapit dans un coin ; d'abord il lui furvint
des convulfions, & il mourut au bout de 4 minutes.

Dimanche 24, ayant attrapé une fouris, je la donnai le foir à huit
heures & demie au Serpent, dans l'efpérance qu'il mangeroit ce
friand morceau pour les Serpens. La fouris, lâchée dans la caiffe,
courut affez longtems, mais fort effarouchée, tantôt d'un côté, tantôt de l'autre, & même par deffus & par deffous le Serpent, qui à
la fin mordit fa proye entre les côtes. D'abord elle tomba dans de
violentes convulfions, après avoir jetté un grand cri lorsqu'elle fut
morduë, & en moins d'une minute & demie la fouris étoit morte.
Immédiatement après cette expérience de la morfure du Serpent,
Mr. le Baron de HOCHEPIED, étant alors feul préfent avec moi,
nous vîmes un fingulier procedé du Serpent, que nous n'avions
jamais encore remarqué. D'abord après la morfure, le Serpent, au
lieu de fe tenir tranquille, comme de coutume, fe mit dans un
mouvement continuël, la tête vers les vitres, bâillant à tous momens, & bien quinze à vingt fois, ouvrant la gueule autant qu'il
étoit poffible, fouvent fort de travers, & avec des contorfions af-
freufes. A cette occafion il laiffa auffi voir très-diftinctement, pendant tout ce tems, fes armes empoifonnées, les deux dents un peu
crochuës, pofées de côté & d'autre au devant de la mâchoire fu-
périeure, & fonnoit de la queuë très-fortement, ainfi que dans
toutes les expériences précédentes. Ce phénomene fingulier nous
fit foupçonner que le Serpent pouvoit bien avoir auffi endommagé
fes dents, en mordant fur les côtes de la fouris.

Samedi 5 Octobre. Jusqu'ici j'avois laiffé le Serpent tranquille,
avec la fouris & tout ce que nous pouvions imaginer auprès de
lui, pour voir s'il voudroit manger ; mais inutilement. Dans cet
intervalle, jugeant la caiffe où il fe trouvoit un peu trop petite,
j'en avois fait faire une autre de fapin, beaucoup plus grande, &
que je pouvois clorre à un tiers, par un trébuchet, ce qui me
donna lieu à pouvoir, fans danger, mettre dans cette caiffe tout ce
que je voulois, auprès du Serpent, le chaffant avec une baguette
dans le grand efpace, & l'y renfermant, je n'avois qu'à lever le

cou-

couvercle du petit efpace féparé, lequel étoit auffi garni de vitres. Ayant transporté le Serpent dans fon nouveau & vafte logement, ce qui ne fe fit pas fans crainte, & fans prendre toutes les précautions poffibles, je lui donnai une grande écuelle, pleine d'eau, & un baquet avec du lait frais, dont nous avons déja rapporté l'effet, qui fut fans fruit.

Vendredi 11 Octobre. Pendant tous ces jours-ci, nous l'abandonnâmes à lui-même, rafraichiffant de tems en tems le lait, l'eau &c. au cas qu'il lui prît envie, de nuit ou de jour, de manger ou de boire; mais c'eft dequoi nous ne pûmes nous appercevoir. Le même matin, ayant été requis par une Compagnie de faire voir le Serpent, je lui donnai de nouveau un oifeau, qui en peu de tems mordu par lui, mourut tout comme les autres au bout de 14 minutes.

Samedi 12, à une heure & demie de l'après midi, j'eus l'honneur & la fatisfaction de montrer le Serpent à LEURS ALTESSES SÉ-RÉNISSIMES MONSEIGNEUR LE PRINCE STADHOUDER HÉRÉDITAIRE, & MONSEIGNEUR LE DUC LOUÏS DE BRUNSWICK LUNEBOURG &c. &c. &c. On lui donna encore un oifeau, qui courut fort effrayé fe cacher dans un coin, & malgré tous les efforts qu'on fit pour exciter le Serpent, en lui pouffant l'oifeau, il ne voulut pas le mordre, comme il ne fonna auffi point de fa queuë cette fois. A quatre heures & demie de l'après midi étant retourné avec une Compagnie, voir le Serpent, auprès-duquel j'avois laiffé l'oifeau, nous le trouvâmes encore fain & fauf, mais tapi dans un coin de la caiffe. Après l'avoir pouffé plufieurs fois auprès du Serpent, avec une baguette, ce que je pouvois faire aifément au moyen des trous pratiqués, à cet effet, tout autour de la caiffe, le Serpent le mordit enfin, après avoir un peu fonné de la queuë, & l'oifeau mourut, comme tous les autres, dans des convulfions, au bout de 17 minutes.

Depuis cette dernière expérience, le Serpent diminuoit de forces de jour en jour, & fes mouvemens s'affoibliffoient de plus en plus.

Mercredi 16, je le trouvai fans force, paroiffant de moment à autre un peu oppreffé; il ne rampoit plus qu'à peine.

Jeu-

Jeudi 17 à midi, l'ayant touché d'une baguette, il ne donna que de foibles fignes de vie. Peu après il commença à fonner de lui-même, mais fort doucement, &, comme il me parut enfuite, par un mouvement convulfif. Cela continua par intervalles, en ouvrant la gueule de la même façon que le 29. du mois paffé, jufqu'à 4 heures de l'après midi, & peu de tems après je le trouvai mort.

Ce Serpent, fuivant mes avis, avoit été pris à Surinam, au Plantage nommé les *quatre Enfans* à Para, au commencement du mois d'Avril 1765. Ainfi, lorfque je le reçus, il avoit déja vécu cinq mois & trois femaines fans nourriture, & depuis ce tems, chez moi, encore vingt-fept jours.

Le foir même de fa mort, trouvant le ventre fort rouge & enflammé, je le mis dans de la bonne eau-de-vie. Par fon amaigriffement continuel, il étoit fort diminué de groffeur, principalement fur le dos, de forte qu'étant couché fur le ventre, il avoit une forme presque triangulaire.

Le 10 Janvier 1766, & ainfi après avoir été environ trois mois dans l'eau-de-vie, je voulus éprouver s'il avoit encore confervé fon venin. Ayant, avec un inftrument, tiré en avant les dents venimeu-fes, je pris un oifeau vigoureux, & l'en bleffai à la jointure de l'aile, l'après midi à cinq heures. L'oifeau, remis alors dans fa cage, donna d'abord des marques de l'effet du venin; demeurant immobile en un même endroit, les yeux tantôt fermés, & tantôt ouverts, jufqu'à ce que mon valet, entre dix & onze heures du foir, vint me dire, qu'il avoit trouvé l'oifeau mort fubitement.

Tous les oifeaux, de même que la fouris, d'abord après la bleffure reçuë, s'étoient tenus fort tranquilles, jufqu'à ce que les convulfions les affailliffent de plus en plus.

En examinant les oifeaux morts & la fouris, à peine pouvoit-on découvrir la morfure des dents. A deux oifeaux, que j'avois vû mordre à l'articulation de l'aile, on appercevoit deux piqueures livides d'une petiteffe extrême; mais le corps n'étoit point enflé; ils ne paroiffoient auffi pas être fujets à une putrefaction plus prompte, puis que les ayant laiffé trois ou quatre jours auprès du Serpent, je ne les trouvai pas plus corrompus qu'à l'ordinaire.

F

Le

Le Serpent quittoit fa proye d'abord après la morfure, & fe re-
tiroit en arrière, comme feur de fon fait. Il prenoit ordinairement
très-bien fon tems & s'elançoit fort furieux, fur fa proye, pour la
mordre, la gueule béante & les dents recourbées en dehors; Enfuite il fe recoquilloit dans un coin de la caiffe, fonnant fort longtems, principalement avant & après, en branlant & agitant la queuë,
élevée du milieu de fon corps roulé en rond comme un cable.

Dans les Tranfactions Philofophiques, (l'Auteur du *Journal des
Savans* (i) n'indique pas quelle Partie, l'on trouve une ample Dif-
fertation concernant plufieurs Expériences, que le Capitaine HALL
a faites, dans la Caroline, touchant les effets de la morfure de ces
Serpens fur divers animaux. La conformité de ces obfervations
avec les nôtres, & la rareté de femblables épreuves, nous enga-
gent à les rapporter ici en peu de mots.

„ Il fit attacher à un piquet enfoncé dans la terre, un Serpent à
„ Sonnette long d'environ quatre pieds. Trois chiens en furent
„ mordus. Le premier mourut en moins d'un quart de minute.
„ Le fecond, mordu peu de tems après, au bout de deux heures,
„ dans des convulfions. Le troifième, mordu une demi heure après,
„ fubit l'effet vifible du venin feulement au bout de trois heures,
„ & mourut, mais on ne fait pas quand au jufte. Quatre jours après
„ mourut un chien en une demi minute, & un autre enfuite dans
„ quatre minutes. Un chat fut trouvé mort le lendemain. Huit
„ jours après une grenouille mordue mourut en deux, & un pou-
„ let de trois mois, dans trois minutes. Les expériences ayant
„ été difcontinuées pendant quelque tems, faute de fujet, on fe
„ procura un Serpent commun blanc, fain & vigoureux, de près
„ de trois pieds de longueur. On le mit avec le Serpent à Son-
„ nette: Ils fe mordirent l'un l'autre; mais le Serpent commun
„ mordit affez violemment l'autre pour le faire faigner. On les
„ fépara, & en moins de huit minutes le Serpent blanc mourut;
„ au lieu que l'autre, quoique plus mordu, ne donna aucun figne
„ de maladie, fe portant auffi bien qu'auparavant. Enfin, voulant

„ ef-

(i) *Voyez ci-deffus la Lifte des Auteurs.*

„ effayer fi le Serpent à Sonnette pourroit auffi fe préjudicier lui-
„ même, on fit tout pour le porter à fe mordre ; cela réüffit, &
„ en moins de douze minutes il étoit mort.

„ Les Porcs cherchent les Serpens à Sonnette, auffi bien que
„ tous autres Serpens, & les dévorent avec beaucoup de goût
„ fans en être incommodés le moins du monde. Un Chien mangea
„ la tête coupée & écrafée d'un de ces Serpens, fans en reffentir
„ non plus aucun mal.

„ On voit fouvent des Serpens de cette efpèce qui, étant jeu-
„ nes, n'ont qu'une, deux & trois articulations à la Sonnette.”

D E S C R I P T I O N

D U

SERPENT à SONNETTE d'AMERIQUE,

*Joliment figuré, ayant deux longues rayes noires fur
la tête & fur le col.*

T A B. I.

La longueur de ce Serpent eft de trois pieds un pouce & demi.
La tête eft platte en deffus, large en arrière vers le corps, & plus
étroite ou ovale fur le devant.   Les narines rondes & creufes font
fur le devant de la gueule, un peu plus bas que les yeux, qui,
après la mort de l'animal, & dans la liqueur, font de couleur de
perle, ayant l'iris blanche, mais, pendant qu'il vivoit, ils étoient
étincellans, d'un brun foncé, avec une raye perpendiculaire, qui
s'élargiffoit ou fe retréciffoit à proportion de la lumière. La langue
eft noire, flexible, fourchuë en devant, & renfermée dans un étui
au fond de la gueule. La forme tant des dents venimeufes que des
autres, auffi bien que celle de toute la tête difféquée, eft parfaitement repréfentée & décrite par le Dr. MEAD (k).

Au deffus de la tête ce Serpent eft joliment figuré de rayes noires
trans-

(k) *Voyez ci-deffus la Lifte des Auteurs.*

F 2

transverfes & latérales dirigées en dehors, dont les deux du milieu,
qui régnent le long du col & du dos, font fort longues, droites,
& fe terminent en un point circulaire fur le dos. Plus bas, vers
la poitrine ou le ventre, fe voyent encore une couple de petites
rayes étroites, avec des écailles noires. Sur le refte du dos & aux
côtés du ventre, les écailles font en lozange, d'un brun clair au
milieu, avec une bordure noire & une de jaune fale. Vers le ventre en deffous, les écailles font de couleur plus ou moins cendrée, par-ci par-là mêlées d'écailles noires. Plus loin, vers la queuë,
ces figures de lozanges s'effacent infenfiblement, les écailles noires
deviennent d'un gris de fouris, mêlées d'écailles d'un jaune fale,
ou de couleur cendrée, & au bout de la queuë jusqu'à la Sonnette, elles font d'un gris clair de fouris. Les larges écailles du ventre & de la queuë font blanches quand l'animal eft vivant, mais,
après la mort, elles paroiffent plus jaunâtres.

La forme des écailles approche des figures en lozange, pofées les
unes fur les autres, comme les ardoifes fur les toits, de façon que la
pointe, ou plutôt jusqu'au delà de la moitié de chaque écaille, fort
de deffous celle qui la furmonte. Elles font difpofées de manière,
qu'elles fuivent le cours des figures, dont ce Serpent eft orné. Sur
la tête du Serpent, fur le dos, vers & fur la queuë, les écailles font
les plus petites, plattes & ferrées les unes fur les autres, plus loin
vers les côtés, ou vers le ventre, elles deviennent de plus en plus
grandes, & s'y montrent plus élevées ou exhauffées. Les écailles
qui couvrent les parties inférieures du Serpent, comme le col, le
ventre & la queuë, confiftent chacune en une petite pièce écail-
leufe, &, pofées les unes fur les autres, elles recouvrent toute la
largeur de ces parties. Ces écailles femblent être d'une fubftance
de corne, fort mince.

La Sonnette, dans ce fujet, eft compofée de fix articulations, &
d'une fubftance de corne très-mince. Chaque articulation eft mo-
bile, & intérieurement compofée de trois offelets, qui s'emboîtant
l'un dans l'autre fe tiennent enfemble d'une manière admirable.

La différence des fexes mafculin ou feminin, dans les Serpens,
n'étant pas apparente extérieurement, nous n'avons pu déterminer
celui du préfent fujet.